Dewch i Deithio

CHINA

gan Anni Llŷn a
Sioned V Hughes

Golygwyd gan Eluned Grandis

Arluniwyd gan Rhiannon Sparks.
Ffotograffau: © Shutterstock.com, 2021.
T 11 © Bartosz Luczak / Alamy Stock Photo, © China Photos / Alamy Stock Photo. © Sergio Azenha / Alamy Stock Photo.

Cyhoeddwyd yn 2021 gan Peniarth.

Roedd heddiw yn ddiwrnod arbennig i Mei. Dyma'i ddiwrnod cyntaf yn ei gartref newydd. Ond doedd o ddim yn teimlo'n hapus. Roedd o wedi pwdu efo'i fam am gael swydd newydd a'i orfodi i symud eto i rywle dieithr. Rhywle llawn pobl nad oedd o'n ei hadnabod. Rhywle lle nad oedd ganddo ffrindiau.

Aeth Mei i'r ardd. Roedd yr ardd yn fawr ac yn wyllt ac yn edrych fel jyngl. Penderfynodd gloddio twnel i ddianc.

Aeth ati'n syth, er ei fod yn dal yn ei byjamas. Cloddiodd o dan y ffens uchel oedd yn rhedeg o amgylch yr ardd.

Ar ôl cloddio am amser hir iawn, roedd wedi creu twll mawr o dan y ffens. Gwthiodd ei ben i'r ochr arall.

Roedd y byd yr ochr arall i'r ffens yn rhyfedd iawn, roedd popeth â'i ben i lawr! Roedd o'n gallu gweld gardd dwt. Cerddodd merch tua'r un oed â fo i'r ardd. Yna, daeth oedolyn, mam y ferch. Dechreuon nhw siarad iaith Mandarin. O na, meddyliodd Mei, rydw i wedi cloddio'r holl ffordd i China!!

Cyn i Mei fedru gwasgu ei hun yn ôl i'w ardd ei hun edrychodd y ferch arno. Diflannodd y fam yn ôl i'r tŷ. Rhedodd y ferch at y pen o dan y ffens:

"Pwy wyt ti a beth wyt ti'n wneud o dan fy ffens i?"

"Ydw i wedi cloddio'r holl ffordd i China?" gofynnodd Mei yn bryderus.

Chwarddodd y ferch.

"Paid â bod yn wirion, dim ond wedi mynd i'r ardd drws nesaf wyt ti!"

O'r eiliad honno, daeth y ddau yn ffrindiau gorau.

Dysgodd Mei fod mam Min yn dod o China ac wedi dod i Gymru i astudio. Roedd mam Min yn gallu siarad Cymraeg a Saesneg ond roedd Min yn siarad Mandarin gyda hi hefyd.

Roedd mam Min yn credu ei bod yn bwysig ei bod hi a'i brawd bach, Bo, yn gallu siarad yr ieithoedd, gan eu bod yn perthyn i Gymru a China. Eglurodd fod gan wledydd gwahanol ddiwylliannau gwahanol.

"Beth ydy diwylliant?" holodd Mei.

"Pethau rydyn ni'n eu gwneud ac yn eu mwynhau sy'n wahanol efallai i wledydd eraill. Mae mam wastad yn dweud dyna pam fod y byd yn lle mor anhygoel am fod cymaint o ddiwylliannau gwahanol."

"Fel Cerdd Dant?" gofynnodd Mei wrth iddo feddwl am y peth am rai munudau.

"Cerdd Dant?" edrychodd Min arno'n hurt.

"Ia, rydyn ni'n canu Cerdd Dant yn yr Ysgol... dw i ddim yn meddwl eu bod nhw'n canu Cerdd Dant yn China nag unrhyw le arall yn y byd!!!"

Chwarddodd Min, roedd hi'n credu ei fod o'n iawn. Ond roedd hi hefyd yn gwybod nad oedd pawb o Gymru yn mwynhau Cerdd Dant!

Un noson cafodd Mei a'i fam wahoddiad i fynd drws nesaf at Min a'r teulu i gael pryd o fwyd. Roedd hi'n ddiwedd Ionawr ac roedden nhw'n dathlu'r Flwyddyn newydd Tsieiniaidd. A'r noson honno digwyddodd rhywbeth rhyfeddol.

Blwyddyn Newydd Tsieiniaidd

Mae'n dilyn calendr traddodiadol Tsieiniaidd ac mae 12 anifail Sidydd yn cael eu defnyddio i gynrychioli'r flwyddyn e.e. e.e. 2021 yw blwyddyn yr Ych.

Maen nhw'n dathlu'r flwyddyn newydd gyda dawnsfeydd draig, cyfnewid anrhegion, a thân gwyllt.

Ydych chi'n gallu dod o hyd i'ch anifail wrth edrych ar eich blwyddyn geni?

Roedd hi'n arferiad yn nhŷ Min i dynnu esgidiau wrth y drws a sylwodd Mei fod llawer o esgidiau yno heno. Roedd aelodau eraill o'r teulu wedi dod draw i ddathlu.

Roedd y lle'n swnllyd a phawb yn siaradus ac yn mwynhau. Roedd Min yr ochr draw i'r bwrdd yn gwneud arwyddion i Mei afael yn ei blât a mynd o dan y bwrdd. Gwnaeth Mei hynny.

"Dw i wedi dod â rhywfaint o'r Twmplenni Porc nes i eu coginio i ti gael blasu'r rhain i ddechrau." Roedden nhw'n edrych fel parseli bychain gwynion.

Caeodd Mei ei lygaid a gwnaeth Min yr un fath. Yna rhoddodd y ddau dwmplen borc yn eu cegau.

Ffrwydrodd blas bendigedig yng ngheg Mei. Cadwodd ei lygaid ar gau. Ond wrth gnoi a gwenu a rhyw fwmblan siarad a chwerthin gyda Min, sylweddolodd y ddau eu bod nhw'n clywed sŵn gwahanol i'r parti yn nhŷ Min.

Agorodd Mei a Min eu llygaid yn llydan agored. Doedden nhw ddim yn eistedd o dan y bwrdd yn nhŷ Min ddim mwy. Roedden nhw'n eistedd ar lawr stryd gul a swnllyd yn llawn pobl.

"Min...be sy'n digwydd?" edrychodd Mei o'i gwmpas yn syn.

"Dw i'n meddwl ein bod ni yn China!" Roedd Min yn wên o glust i glust. Cododd ar ei thraed i edrych o'i chwmpas.

Roedd y bobl ar y stryd i gyd yn bwyta. Bwyta pob math o bethau gwahanol. Cododd Mei ar ei draed yn araf, a sefyll wrth ochr Min. Roedd yna stondinau bwyd bychain ym mhob man. Er mor wahanol oedd rhai o'r bwydydd yn edrych, roedd yna arogl bendigedig!

"Edrych..." meddai Min gan bwyntio o'i chwmpas a gweld criw o blant mewn gwisg ysgol yn sglaffio. "Dw i'n meddwl bod rheina ar y ffordd i'r ysgol, beth am eu dilyn nhw?"

Plygodd Min a Mei wrth y ffens fawr oedd o gwmpas iard chwarae'r ysgol i wylio. Roedd yn debyg iawn i unrhyw ysgol arall yn y byd. Pawb yn sgwrsio, rhai yn chwarae, ambell un yn rhedeg ac yn dadlau. Ond yna, canodd cloch.

Mewn eiliadau, roedd pawb yn sefyll mewn rhesi'n daclus. Yna dechreuodd pawb ddilyn yr athro oedd o'u blaenau a gwneud ymarfer corff. Rhedeg yn yr unfan, neidio, ymestyn. Pob un plentyn yn gwneud yn union yr un peth ar yr un pryd.

"Waw... ydyn nhw'n gwneud hyn bob bore tybed?"

Wrth i'r plant orffen eu hymarfer corff, daeth merch at Min a Mei.

"Helo. Chao-xing ydw i. Ydych chi eisiau trio ychydig o'r pryfaid wedi rhostio yma ges i o'r farchnad bore 'ma?"

Edrychodd Min a Mei ar ei gilydd. Doedden nhw ddim yn siŵr os oedden nhw eisiau bwyta pryfaid wedi rhostio!! Ond fe wnaethon nhw, gan gau eu llygaid a chnoi'n gyflym.

Mae'r ysgol yn cychwyn am 7.30 y bore yn China ac yn gorffen am 5 y prynhawn. Mae rhai plant hefyd yn mynd i'r ysgol ar fore Sadwrn.

Wal hynafol yng ngogledd China yw'r Wal Fawr. Adeiladwyd y wal er mwyn amddiffyn China o ymosodiadau gelynion i'r gogledd o'r wlad.

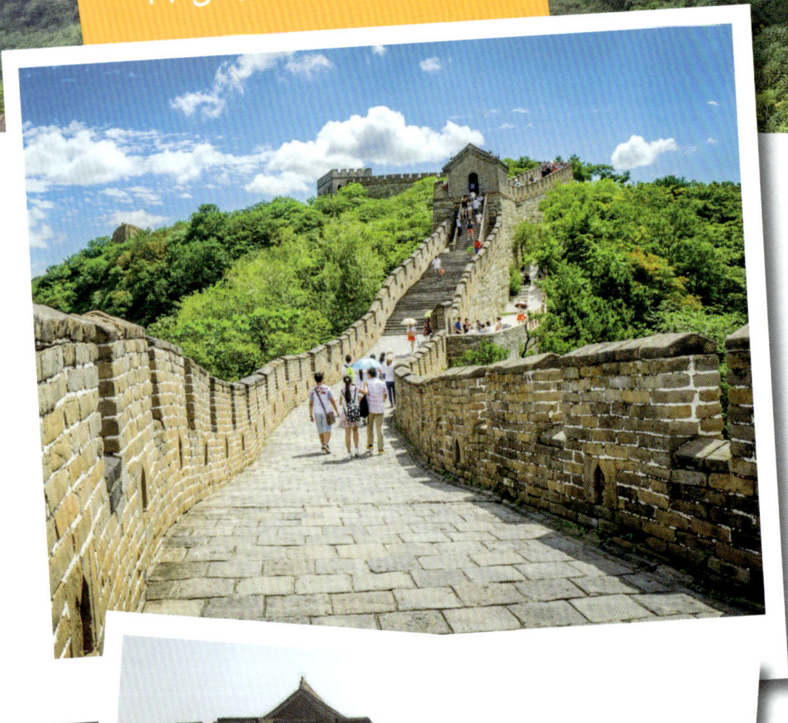

Pan agoron nhw eu llygaid wedyn, doedden nhw ddim wrth yr ysgol gyda Chao-xing ddim mwy.

Roedden nhw'n sefyll ar wal garreg enfawr a phrysur. Roedd llwyth o bobl yn cerdded ar hyd y wal ac yn tynnu lluniau. Edrychodd y ddau dros ochr y wal a rhyfeddu eu bod mor uchel, ac yna gwelson nhw fod y wal yn un hir... un hir iawn... mor hir nes nad oedden nhw'n medru gweld y diwedd.

"Wal Fawr China!" ebychodd Min. Roedd y wal yma'n fyd-enwog am fod yr hiraf yn y byd. "Mae'r wal yma dros 13,000 o filltiroedd o hyd ac yn hen iawn, iawn!"

Stondin fwyd ger y Wal Fawr.

Dyna beth oedd rhyfeddod. Cerddodd y ddau rywfaint gan fynd igam-ogam heibio'r holl dwristiaid. Roedd y cerdded yn eu gwneud nhw'n llwglyd. Prynodd Min rywbeth bach i'w fwyta oddi ar stondin fechan.

"Cofia gau dy lygaid!" meddai wrth Mei. A chyn pen dim, roedden nhw wedi teithio i rywle arall.

Mae Wal Fawr China mor hir, byddai'n cymryd pobl ymhell dros flwyddyn i'w cherdded i gyd!

Math o ymarfer corff, a chelf ymladd, yw tai chi. Mae'n arfer ysbrydol, lle mae'r corff yn symud mewn ffordd araf, myfyriol. Dechreuodd yn China ychydig filoedd o flynyddoedd yn ôl.

Pan agoron nhw eu llygaid y tro hwn, roedden nhw yng nghanol criw o bobl oedd yn cyd-symud yn araf. Roedden nhw'n symud eu dwylo a'u coesau trwy'r awyr mewn patrymau llyfn. Roedd pawb fel pe baen nhw yn eu byd bach eu hunain.

Roedd hi'n dawel a hyfryd yno. Dechreuodd Min a Mei wneud yr un fath â phawb o'u cwmpas. Roedd yn anoddach na'r disgwyl ac roedd angen canolbwyntio.

"Wyt ti'n meddwl mai Tai Chi yw hyn?" sibrydodd Mei dros ei ysgwydd.

Nodiodd Min i gytuno gan symud ei dwylo'n araf drwy'r awyr.

Mahjong

Wedi iddyn nhw orffen y Tai Chi, crwydrodd y ddau y strydoedd. Roedden nhw ym mhrif ddinas China, Beijing. Gwelson nhw nifer o bobl hŷn yn eistedd ar y pafin yn sgwrsio ac yn chwarae gêm o'r enw Mahjong.

"Mae 'na gymaint o bobl yn y ddinas 'ma", meddai Mei.

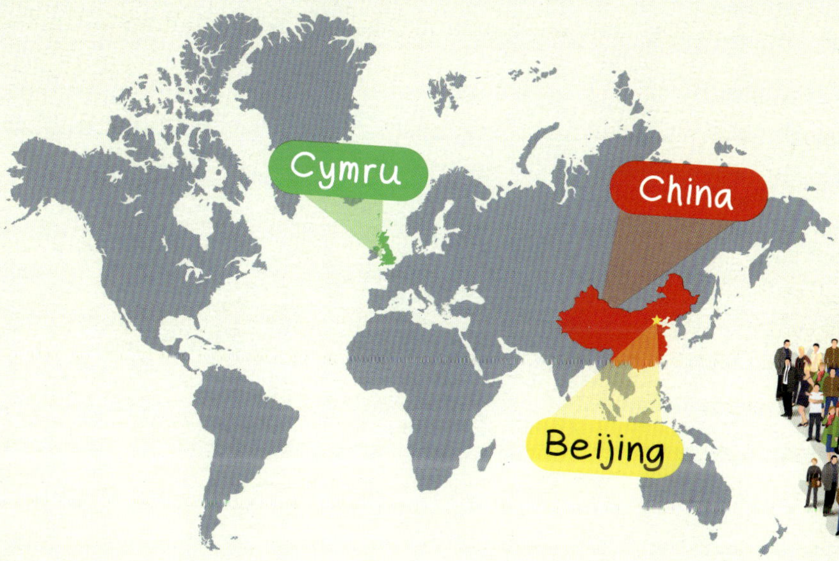

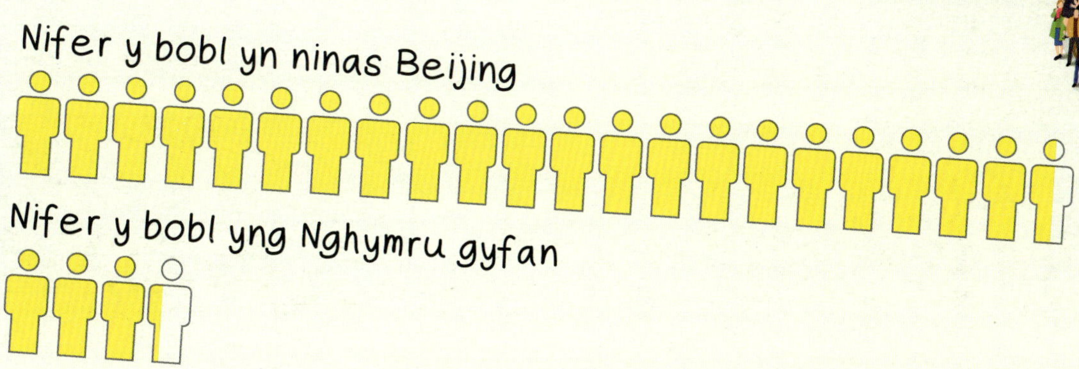

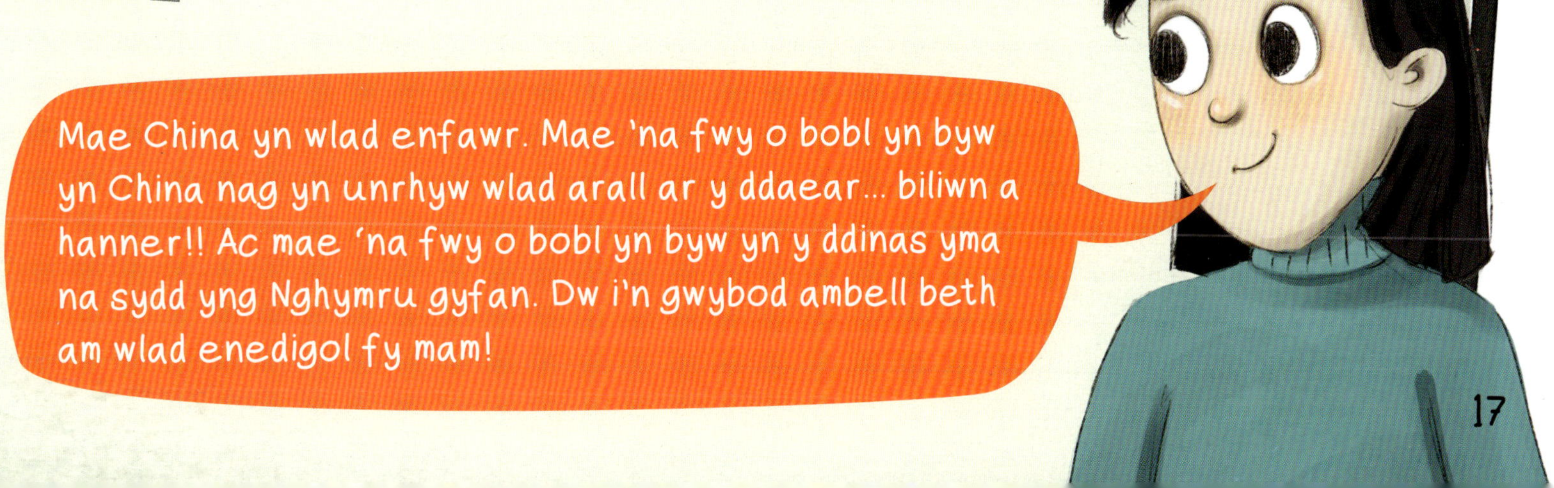

Ond roedd Min hefyd wedi rhyfeddu gweld cymaint o stondinau bwyd a phobl yn reidio beic. Gwelson nhw ambell un yn cario pentwr enfawr o bethau ar feic. Beic yn cario blodau, beic yn cario sbwriel, beic yn cario pinafalau a hyd yn oed beic yn cario ieir!

Roedd Mei wedi sylwi bod yna nifer o arwyddion lliwgar yn hysbysebu ar ochr un adeilad ond allai o ddim darllen dim.

"Min, ai dyma sut mae llythrennau Mandarin yn edrych?" holodd.

"Ia a na... dw i ddim yn gallu darllen yr iaith yn dda iawn. Mae pob symbol wedi cael ei adeiladu mewn ffordd arbennig. Weithiau mae symbol yn air... fel hwn," pwyntiodd at symbol ar arwydd, "dyma'r symbol am 'siop'."

Gofynnodd Mei sut i ddweud 'helo' a 'hwyl fawr' mewn Mandarin.

"'Nǐhǎo' yw 'helo' a 'Zàijian' yw 'hwyl fawr'!"

你好
Nǐ hǎo
helo

再见
Zàijiàn
hwyl fawr

Mae nifer fawr o bobl yn byw mewn blociau o fflatiau.

Ymhen hir a hwyr, dechreuodd Mei boeni am sut yr oedden nhw am fynd adre.

"Dw i'n meddwl fod Chao-xing am ein helpu ni," meddai Min, wrth weld y ferch ysgol yr oedden nhw wedi ei chyfarfod yn gynharach yn cerdded tuag atyn nhw. Roedd Min yn iawn...

"Dewch gyda fi," meddai Chao-xing.

Aethon nhw gyda hi i'w chartref. Roedd y stryd lle roedd hi'n byw yn edrych fel jig-so o dai bychan wedi eu gosod ar bennau ei gilydd a'u gwasgu drws nesa i'w gilydd. Roedd ei chartref yn llawn pobl yn sgwrsio, chwerthin ac yn paratoi bwyd ar y bwrdd crwn enfawr.

Cafodd Min a Mei groeso cynnes iawn gan deulu Chao-xing. Roedd digonedd o fwyd ond cafodd Min a Mei ychydig o drafferth bwyta gyda'r gweill bwyta neu chopsticks.

"Weithiau," sibrydodd Min wrth Mei, "bydd Mam yn gadael i fi ddefnyddio fforc!".

"Dyma chi," rhoddodd Chao-xing bowlen o dwmplenni porc yn eu dwylo. "Chi'n gwybod beth i wneud er mwyn mynd nôl i Gymru!"

Diolchodd Min a Mei i Chao-xing a mynd i eistedd o dan y bwrdd. Yna, cau eu llygaid yn dynn cyn rhoi twmplen fawr flasus yn eu ceg.

Twmplenni Porc

Agorodd y ddau eu llygaid. Oedden, roedden nhw bendant nôl yng Nghymru ac yng nghartref Min. Gallai Mei arogli'r gwahaniaeth a gallai Min adnabod llais ei mam. Gwenodd y ddau ar ei gilydd.

Roedden nhw wedi gallu creu antur arbennig gyda'u dychymyg. Roedden nhw wedi teithio i ben arall y byd i'r wlad fwyaf poblog ar y blaned ac wedi dysgu ambell beth hefyd.

Yn ei wely'r noson honno, meddyliodd Mei am beth oedd diwylliant. Sylweddolodd ei fod wedi profi ychydig o ddiwylliant China a theulu Min heddiw.

Doedd ei gartref newydd ddim yn ddrwg i gyd. Penderfynodd y byddai'n codi bore fory a gwneud Tai chi gyda'i fam. Byddai'n sôn wrthi hefyd y byddai'n syniad da gwahodd ei nain a'i daid yn amlach i gael pryd o fwyd gyda nhw. Wedi'r cyfan, mae bwyd yn ffordd wych o gael y teulu at ei gilydd.

Wrth iddo ddisgyn i gysgu, allai o ddim peidio â meddwl i le arall yn y byd yr oedd y ddau am fynd.

Peniarth
.cymru